ESTE DIARIO

pertenece a:

_____

Tengo el poder de CREAR la vida que merezco

TODO SOBRE *mi*

1. ¿De qué te sientes más agradecida en la vida?

Tomar nota de las cosas por las que estas más agradecido te mantendrá enfocado en las bendiciones de tu vida. Considera todas las razones por las que te sientes agradecido AQUI:

2. ¿Qué es lo que amas de Tí?

El amor propio no es siempre fácil pero escribir por lo que estas más orgulloso te ayudará a borrar de tu mente la critica y negatividad que puedas sentir.

3. ¿Dónde es tu lugar feliz?

¿En donde te sientes más en paz? Tienes un lugar favorito que te permita reenfocar tu energía, encontrar la paz interna y sentir felicidad? Describe tu lugar feliz.

TODO SOBRE *mi*

4. ¿Qué disfrutas hacer?

¿Cuáles son tus actividades favoritas donde puedes mejorar tu estado de ánimo y liberar tu mente? Esto puede ser un hobby o una actividad física, o quizás algo totalmente diferente.

5. ¿En quién puedes confiar?

Describe la gente en tu vida con la que puedes contar cuando las cosas se ponen difíciles. ¿Con quién te sientes más cercano?

6. ¿Cómo puedes mejorar tu vida?

¿Qué cambios puedes hacer que al final mejorarán tu vida y te traerán felicidad? Puede ser relacionado con tu profesión o el ámbito personal.

TODO SOBRE *mi*

7. Mis mayores logros son:

¿Cuáles son algunas de las cosas de las que me siento más orgullosa?

8. ¿Qué te gustaría que otros conocieran de tí?

¿Qué te gustaría que otros supieran de quien realmente eres? ¿Qué sientes que los demás no ven de tí?

9. ¿Cuáles son tus más grandes aspiraciones?

Ya sea personal, de carrera, o metas familiares, haz una lista.

HABLANDO DE LA *Ansiedad*

Describe una situación donde te sentiste ansioso:

¿Cuáles fueron los síntomas físicos que experimentaste?

¿Afrontaste la situación o te alejaste de ella?

¿Cómo manejaste esta ansiedad? ¿Crees que tus pensamientos y reacciones fueron racionales?

NIVELES DE *Ansiedad*

Usa la siguiente grafica para calificar tu nivel de ansiedad cuando estás enfrentando varias situaciones. Colorea los espacios.

SITUACION: Conocer a alguien nuevo

NIVEL DE ANSIEDAD:

TU: Enfrentas este miedo   Evades la situación

SITUACION: Ir al supermercado

NIVEL DE ANSIEDAD:

TU: Enfrentas este miedo   Evades la situación

SITUACION: Decir tu opinión cuando es controversial o en oposición.

NIVEL DE ANSIEDAD:

TU: Enfrentas este miedo   Evades la situación

SITUACION: Defenderte cuando te tratan injustamente o de mal modo.

NIVEL DE ANSIEDAD:

TU: Enfrentas este miedo   Evades la situación

SITUACION: Pasar tiempo sola con amigos y/o familia

NIVEL DE ANSIEDAD:

TU: Enfrentas este miedo   Evades la situación

SITUACION: Ser observada cuando haces algo/realizas una tarea o actividad.

NIVEL DE ANSIEDAD:

TU: Enfrentas este miedo   Evades la situación

ENTENDIENDO LA *Ansiedad*

Entender el origen de tu ansiedad te ayudará a aprender nuevas formas de manejar tus reacciones.

SITUACION: Conocer a alguien nuevo   **CUAL ES TU MAYOR MIEDO CUANDO ENFRENTAS ESTA SITUACION?**

SITUACION: Ir al supermercado   **CUAL ES TU MAYOR MIEDO CUANDO ENFRENTAS ESTA SITUACION?**

SITUACION: Decir tu opinion   **CUAL ES TU MAYOR MIEDO CUANDO ENFRENTAS ESTA SITUACION?**

SITUACION: Defenderte   **CUAL ES TU MAYOR MIEDO CUANDO ENFRENTAS ESTA SITUACION?**

SITUACION: Pasar tiempo con amigos.   **CUAL ES TU MAYOR MIEDO CUANDO ENFRENTAS ESTA SITUACION?**

SITUACION: Ser observado   **CUAL ES TU MAYOR MIEDO CUANDO ENFRENTAS ESTA SITUACION?**

Querido Yo en el futuro...

ENFOCATE EN TU VISION DE UN FUTURO FELIZ

METAS FAMILIARES

METAS PROFESIONALES

CUIDADO PERSONAL

PAREJA

METAS DE SALUD

AMISTADES

PERSONAL

FINANZAS

VIAJE

PASIONES

NUEVAS HABILIDADES

OTROS

DENTRO DE 5 AÑOS

DENTRO DE 10 AÑOS

ESTRATEGIAS DE *Superacion*

Escribe los diferentes sentimientos y situaciones personales y cómo puedes manejar y afrontar los sentimientos de no confiar en ti mismo y la negatividad.

CUANDO ME SIENTO...	LO AFRONTARE CON...
CUANDO ME SIENTO...	LO AFRONTARE CON...
CUANDO ME SIENTO...	LO AFRONTARE CON...
CUANDO ME SIENTO...	LO AFRONTARE CON...
CUANDO ME SIENTO...	LO AFRONTARE CON...
CUANDO ME SIENTO...	LO AFRONTARE CON...
CUANDO ME SIENTO...	LO AFRONTARE CON...

OTRAS IDEAS/NOTAS

VIDA DE *Gratitud*

Por cuáles cosas te sientes más agradecido? Reflexiona por un tiempo en las bendiciones de tu vida. Enfócate en la gratitud y deshazte de emociones negativas y pensamientos tóxicos.

1	2	3
4	5	6
7	8	9
10	11	12

LA FELICIDAD es...

Completa las siguientes oraciones para reenfocarte en las alegrias de tu vida.

ME SIENTO MAS RELAJADA CUANDO:

ESTOY MENOS ESTRASADA CUANDO:

MIS FORTALEZAS SON:

SOY UNA BUENA AMIGA PORQUE:

ME SIENTO MUY EMOCIONADA POR:

ESTOY MAS ENFOCADA CUANDO:

ME SIENTO MAS APRECIADA CUANDO:

ME SIENTO MAS MOTIVADA CUANDO:

REGISTRO DE *Pensamientos*

MONITOREO DE TUS PENSAMIENTOS Y SENTIMIENTOS

PENSAMIENTOS DEL LUNES

PENSAMIENTOS DEL MARTES

PENSAMIENTOS DEL MIERCOLES

PENSAMIENTOS DEL JUEVES

PENSAMIENTOS DEL VIERNES

PENSAMIENTOS DEL SABADO

PENSAMIENTOS DEL DOMINGO

PENSAMIENTOS *Transformadores*

Todos temenos pensamientos negativos y dudas sobre nosotros mismos. Usa este espacio para registrar esos sentimientos y enfócate en cómo los puedes reemplazar con pensamientos positivos que promuevan el crecimiento personal.

PENSAMIENTO NEGATIVO	PENSAMIENTO DE REEMPLAZO

PENSAMIENTO NEGATIVO	PENSAMIENTO DE REEMPLAZO

PENSAMIENTO NEGATIVO	PENSAMIENTO DE REEMPLAZO

PENSAMIENTO NEGATIVO	PENSAMIENTO DE REEMPLAZO

PENSAMIENTO NEGATIVO	PENSAMIENTO DE REEMPLAZO

PENSAMIENTO NEGATIVO	PENSAMIENTO DE REEMPLAZO

REFLEXIONES PERSONALES

AUTO CONOCIMIENTO

Es fácil perdernos en nuestro propio mundo asi que es importante cuestionarte esos sentimientos negativos para que puedas controlar tus emociones efectivamente. Usa esta hoja de trabajo para documentar tu progreso.

PENSAMIENTO

¿ES VALIDO EL PENSAMIENTO?

¿COMO REACCIONAS ANTE ESTE PENSAMIENTO NEGATIVO?

¿QUE PUEDES HACER PARA EVITAR SENTIRTE DE ESTA MANERA?

PENSAMIENTOS Y REFLEXIONES

GRAFICA DE MI *Estado de Ánimo*

Usa la rueda de abajo para documentar tu estado de ánimo cada mes. Usa 3 diferentes colores para representar emociones positivas, negativas o neutrales.

☐ POSITIVO ☐ NEGATIVO ☐ NEUTRAL

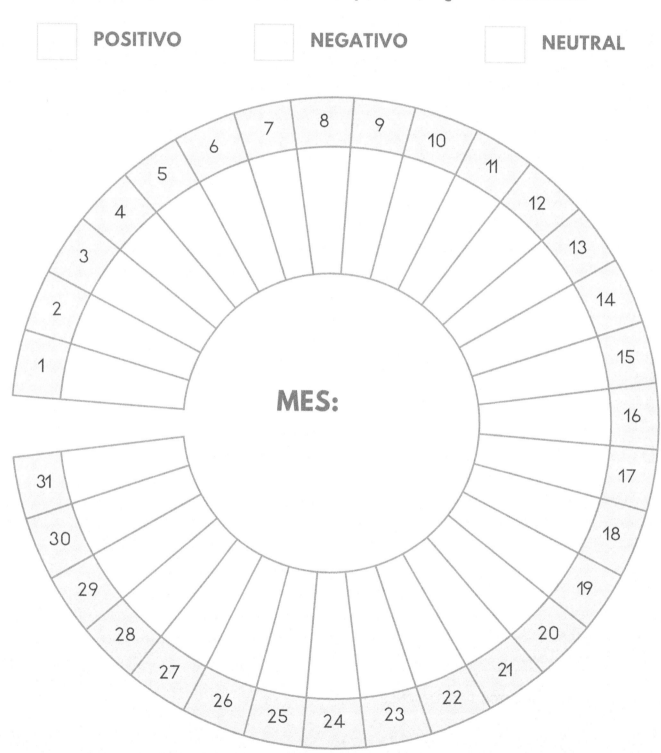

REGISTRO DE *Sueño*

El dormir juega un papel importante en nuestra habilidad de poder controlar la ansiedad y la depresion. Ten un registro de tus patrones del sueño para poder determinar si la cantidad de horas de descanso pueden estar afectando tu salud mental.

DIA	HORAS DORMIDO	CALIDAD DEL SUEÑO	NOTAS
1			
2			
3			
4			
5			
6			
7			
8			
9			
10			
11			
12			
13			
14			
15			
16			
17			
18			
19			
20			
21			
22			
23			
24			
25			
26			
27			
28			
29			
30			
31			

EVALUACION DE MI *Vida*

EN RESUMEN COMO TE **SIENTES** CON TU VIDA

LAS 3 AREAS MAS IMPORTANTES DE TU VIDA QUE TE GUSTARIA **MEJORAR**

01

02

03

LAS 3 FORMAS EN QUE PUEDES **LOGRAR** TUS METAS DE VIDA

MES: _____

REGISTRO DE *Incidentes*

Manten un registro de experiencias que hayan generado pensamientos negativos y emociones.

FECHA	INCIDENTE	REACCION

CORAZON *Agradecido*

MES: _____

DIA	HOY ESTOY AGRADECIDA POR:
1	
2	
3	
4	
5	
6	
7	
8	
9	
10	
11	
12	
13	
14	
15	
16	
17	
18	
19	
20	
21	
22	
23	
24	
25	
26	
27	
28	
29	
30	
31	

Mejora PERSONAL

¿CUALES SON LOS HABITOS QUE TE HACEN DAÑO?

Eliminar hábitos negativos

Crear hábitos positivos

¿COMO PUEDES MEJORAR TU SALUD MENTAL?

¿Cuáles son las áreas claves en las que necesitas trabajar?

¿Qué pasos debes tomar?

ANALIZANDO LA GENTE EN TU VIDA

¿Quiénes son las influencias negativas?

¿Quiénes son las influencias positivas?

¿COMO ME HAGO RESPONSABLE?

Se que soy responsable de:

¿Quién me ayuda a ser responsable?

Ideas para cuidarme a
MI MISMA

ALIMENTA TU MENTE

Descubre nuevos hobbies

Lee un libro

Haz un viaje

Mantén un diario

Habla con un amigo

Sigue a gente inspiradora

Ponte retos

Sé agradecida

Llama a un viejo amigo

Intenta algo nuevo

ALIMENTA TU ESPIRITU

Ten un "tiempo para ti"

Escucha musica

Lee poesia

Escribe algo para "tu futuro yo"

Pinta

Medita

CUIDA DE TU CUERPO

Come sano

Comienza un plan de ejercicio

Duerme lo suficiente

Toma agua

Yoga

Ideas

Plan de CUIDADO PERSONAL

Cuidarte a ti misma significa tomar acción en el area emocional, mental y fisica.
Crear un plan de cuidado de ti misma puede incluir actividades de las siguientes categorias.

CUIDADO MENTAL

CUIDADO FISICO (EJERCICIO)

CUIDADO EMOCIONAL

HABITOS DIARIOS (DORMIR, ETC)

SOCIALIZAR

RED DE APOYO

OTROS:

Registro de CUIDADO PERSONAL

El cuidado personal es un paso importante en el manejo de ansiedad y depresion. Nos ayuda a recargarnos, reajustarnos y alimenta nuestra mente y alma. Enfocate en incorporar una actividad de cuidado personal en tu vida diaria.

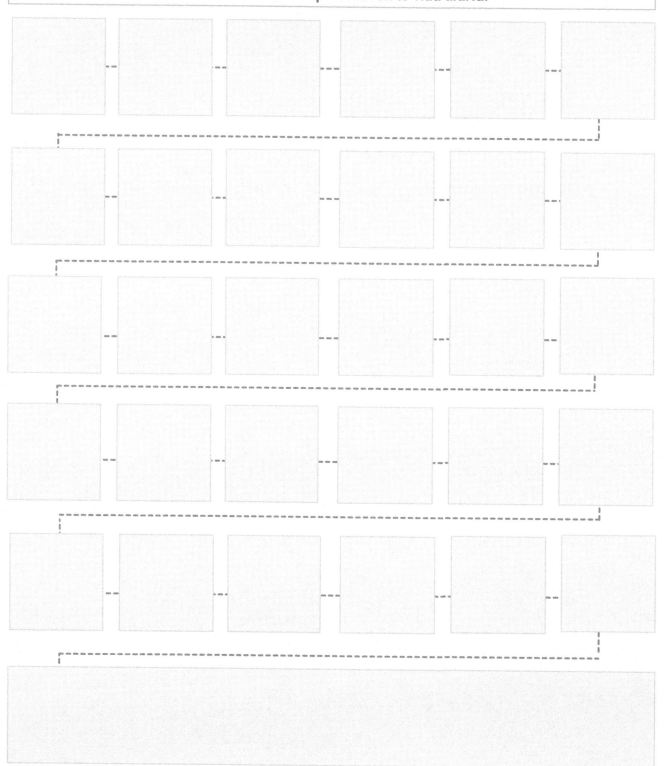

REGISTRO *Post-terapia*

FECHA:

RESUMEN DE LA SESION DE TERAPIA:

LO QUE DISCUTIMOS:

COMO ME SENTI:

LO QUE APRENDI:

QUIERO DISCUTIR LA PROXIMA VEZ:

Califica tu sesión para registrar tu progreso:

REGISTRO Post-terapia

FECHA:

RESUMEN DE LA SESION DE TERAPIA:

LO QUE DISCUTIMOS:

COMO ME SENTI:

LO QUE APRENDI:

QUIERO DISCUTIR LA PROXIMA VEZ:

Califica tu sesión para registrar tu progreso:

CALIFICACION:

REGISTRO *Post-terapia*

FECHA:

RESUMEN DE LA SESION DE TERAPIA:

LO QUE DISCUTIMOS:

COMO ME SENTI:

LO QUE APRENDI:

QUIERO DISCUTIR LA PROXIMA VEZ:

Califica tu sesión para
registrar tu progreso:

REGISTRO *Post-terapia*

FECHA:

RESUMEN DE LA SESION DE TERAPIA:

LO QUE DISCUTIMOS:

COMO ME SENTI:

LO QUE APRENDI:

QUIERO DISCUTIR LA PROXIMA VEZ:

Califica tu sesión para registrar tu progreso:

CALIFICACION:

Registro de PENSAMIENTOS

Registra los pensamientos negativos para que puedas aprender a controlar las respuestas irracionales y superarlas.

FECHA	INCIDENTE	REACCION INICIAL	REACCION RACIONAL

Logros PERSONALES

MES: _____

Es importante celebrar los logros grandes o pequeños cuando se trata de tu salud mental y las estrategias para controlarte que has aprendido. Mira TODO lo que has logrado!

2 LOGROS RECIENTES

MIS 3 MAYORES LOGROS

1	
2	
3	

3 COSAS QUE HE APRENDIDO SOBRE MI ESTE AÑO

REFLEXIONES PERSONALES	COMO HE APRENDIDO A LIDIAR CON LAS EMOCIONES

NOTAS

Premios PERSONALES

MES:

Es importante premiarte por los logros en tu camino. Ya sea que vayas a tu restaurante favorito, un baño de burbujas o una tarde con amigas, es importante celebrar tu progreso.

IDEAS PARA PREMIOS PERSONALES

1	2
3	4
5	6

COMO ME SENTI ANTES	COMO ME RECOMPENSE	COMO ME SENTI DESPUES DEL PREMIO

NOTAS	PENSAMIENTOS/REFLEXIONES

FECHA:

REFLEXION Diaria

COMO ME SIENTO HOY   MI MAS GRANDE RETO:

ESTADO DE ANIMO:

MAÑANA: TARDE:

ME SENTI FELIZ CUANDO: ME SENTI EMOCIONADA   ME SENTI ENERGIZADA
                          CUANDO: CUANDO:

Lo Mejor del Dia

Hoy estoy Agradecida por:

Diario

MES: _____

L M W J V S D

COMO ME SIENTO HOY

3 PALABRAS QUE DESCRIBEN MI DIA

OBSTACULOS/PROBLEMAS

LO MEJOR DEL DIA

LOGROS DIARIOS

REFLEXION *Diaria*

COMO ME SIENTO HOY

MI MAS GRANDE RETO:

ESTADO DE ANIMO:

MAÑANA:

TARDE:

ME SENTI FELIZ CUANDO:

ME SENTI EMOCIONADA CUANDO:

ME SENTI ENERGIZADA CUANDO:

Lo Mejor del Dia

Hoy estoy Agradecida por:

COMO ME SIENTO HOY

3 PALABRAS QUE DESCRIBEN MI DIA   OBSTACULOS/PROBLEMAS

LO MEJOR DEL DIA

LOGROS DIARIOS

REFLEXION *Diaria*

COMO ME SIENTO HOY

MI MAS GRANDE RETO:

ESTADO DE ANIMO:

MAÑANA:

TARDE:

ME SENTI FELIZ CUANDO:

ME SENTI EMOCIONADA CUANDO:

ME SENTI ENERGIZADA CUANDO:

Lo Mejor del Dia

Hoy estoy Agradecida por:

Diario

MES: _____

L   M   W   J   V   S   D

COMO ME SIENTO HOY

3 PALABRAS QUE DESCRIBEN MI DIA

OBSTACULOS/PROBLEMAS

LO MEJOR DEL DIA

LOGROS DIARIOS

REFLEXION *Diaria*

COMO ME SIENTO HOY

MI MAS GRANDE RETO:

ESTADO DE ANIMO:

MAÑANA:

TARDE:

ME SENTI FELIZ CUANDO:

ME SENTI EMOCIONADA CUANDO:

ME SENTI ENERGIZADA CUANDO:

Lo Mejor del Dia

Hoy estoy Agradecida por:

Diario

MES: _____

L   M   W   J   V   S   D

COMO ME SIENTO HOY

3 PALABRAS QUE DESCRIBEN MI DIA

OBSTACULOS/PROBLEMAS

LO MEJOR DEL DIA

LOGROS DIARIOS

REFLEXION *Diaria*

COMO ME SIENTO HOY

MI MAS GRANDE RETO:

ESTADO DE ANIMO:

MAÑANA:

TARDE:

ME SENTI FELIZ CUANDO:

ME SENTI EMOCIONADA CUANDO:

ME SENTI ENERGIZADA CUANDO:

Lo Mejor del Dia

Hoy estoy Agradecida por:

COMO ME SIENTO HOY

3 PALABRAS QUE DESCRIBEN MI DIA

OBSTACULOS/PROBLEMAS

LO MEJOR DEL DIA

LOGROS DIARIOS

FECHA:

REFLEXION *Diaria*

COMO ME SIENTO HOY

MI MAS GRANDE RETO:

ESTADO DE ANIMO:

MAÑANA:

TARDE:

ME SENTI FELIZ CUANDO:

ME SENTI EMOCIONADA CUANDO:

ME SENTI ENERGIZADA CUANDO:

Lo Mejor del Dia

Hoy estoy Agradecida por:

MES:

L   M   W   J   V   S   D

COMO ME SIENTO HOY

3 PALABRAS QUE DESCRIBEN MI DIA

OBSTACULOS/PROBLEMAS

LO MEJOR DEL DIA

LOGROS DIARIOS

FECHA:

REFLEXION *Diaria*

COMO ME SIENTO HOY

MI MAS GRANDE RETO:

ESTADO DE ANIMO:

MAÑANA:

TARDE:

ME SENTI FELIZ CUANDO:

ME SENTI EMOCIONADA CUANDO:

ME SENTI ENERGIZADA CUANDO:

Lo Mejor del Dia

Hoy estoy Agradecida por:

MES: _____

L M W J V S D

COMO ME SIENTO HOY

3 PALABRAS QUE DESCRIBEN MI DIA

OBSTACULOS/PROBLEMAS

LO MEJOR DEL DIA

LOGROS DIARIOS

Evaluacion SEMANAL

	DORMIR	ANIMO	POSITIVOS	NEGATIVOS
LUNES				
MARTES				
MIERCOLES				
JUEVES				
VIERNES				
SABADO				
DOMINGO				

Reflexiones SEMANALES

Lunes

Martes

Miércoles

Jueves

Viernes

Sabado

Domingo

REFLEXION *Diaria*

COMO ME SIENTO HOY

MI MAS GRANDE RETO:

ESTADO DE ANIMO:

MAÑANA:

TARDE:

ME SENTI FELIZ CUANDO:

ME SENTI EMOCIONADA
CUANDO:

ME SENTI ENERGIZADA
CUANDO:

Lo Mejor del Dia

Hoy estoy Agradecida por:

Diario

MES: _____

L   M   W   J   V   S   D

COMO ME SIENTO HOY

3 PALABRAS QUE DESCRIBEN MI DIA   **OBSTACULOS/PROBLEMAS**

LO MEJOR DEL DIA

LOGROS DIARIOS

REFLEXION *Diaria*

COMO ME SIENTO HOY

MI MAS GRANDE RETO:

ESTADO DE ANIMO:

MAÑANA:

TARDE:

ME SENTI FELIZ CUANDO:

ME SENTI EMOCIONADA CUANDO:

ME SENTI ENERGIZADA CUANDO:

Lo Mejor del Dia

Hoy estoy Agradecida por:

Diario

MES: _____

L   M   W   J   V   S   D

COMO ME SIENTO HOY

3 PALABRAS QUE DESCRIBEN MI DIA

OBSTACULOS/PROBLEMAS

LO MEJOR DEL DIA

LOGROS DIARIOS

REFLEXION *Diaria*

COMO ME SIENTO HOY

MI MAS GRANDE RETO:

ESTADO DE ANIMO:

MAÑANA:

TARDE:

ME SENTI FELIZ CUANDO:

ME SENTI EMOCIONADA CUANDO:

ME SENTI ENERGIZADA CUANDO:

Lo Mejor del Dia

Hoy estoy Agradecida por:

Diario

MES: _____

L   M   W   J   V   S   D

COMO ME SIENTO HOY

3 PALABRAS QUE DESCRIBEN MI DIA

OBSTACULOS/PROBLEMAS

LO MEJOR DEL DIA

LOGROS DIARIOS

REFLEXION *Diaria*

COMO ME SIENTO HOY

MI MAS GRANDE RETO:

ESTADO DE ANIMO:

MAÑANA:

TARDE:

ME SENTI FELIZ CUANDO:

ME SENTI EMOCIONADA CUANDO:

ME SENTI ENERGIZADA CUANDO:

Lo Mejor del Dia

Hoy estoy Agradecida por:

Diario

MES: _____

L   M   W   J   V   S   D

COMO ME SIENTO HOY

3 PALABRAS QUE DESCRIBEN MI DIA

OBSTACULOS/PROBLEMAS

LO MEJOR DEL DIA

LOGROS DIARIOS

FECHA:

REFLEXION *Diaria*

COMO ME SIENTO HOY

MI MAS GRANDE RETO:

ESTADO DE ANIMO:

MAÑANA:

TARDE:

ME SENTI FELIZ CUANDO:

ME SENTI EMOCIONADA CUANDO:

ME SENTI ENERGIZADA CUANDO:

Lo Mejor del Dia

Hoy estoy Agradecida por:

MES:

L   M   W   J   V   S   D

COMO ME SIENTO HOY

3 PALABRAS QUE DESCRIBEN MI DIA

OBSTACULOS/PROBLEMAS

LO MEJOR DEL DIA

LOGROS DIARIOS

REFLEXION *Diaria*

COMO ME SIENTO HOY

MI MAS GRANDE RETO:

ESTADO DE ANIMO:

MAÑANA:

TARDE:

ME SENTI FELIZ CUANDO:

ME SENTI EMOCIONADA CUANDO:

ME SENTI ENERGIZADA CUANDO:

Lo Mejor del Dia

Hoy estoy Agradecida por:

MES: _____

L M W J V S D

COMO ME SIENTO HOY

3 PALABRAS QUE DESCRIBEN MI DIA   OBSTACULOS/PROBLEMAS

LO MEJOR DEL DIA

LOGROS DIARIOS

REFLEXION *Diaria*

COMO ME SIENTO HOY

MI MAS GRANDE RETO:

ESTADO DE ANIMO:

MAÑANA:

TARDE:

ME SENTI FELIZ CUANDO:

ME SENTI EMOCIONADA CUANDO:

ME SENTI ENERGIZADA CUANDO:

Lo Mejor del Dia

Hoy estoy Agradecida por:

Diario

MES:

L M W J V S D

COMO ME SIENTO HOY

3 PALABRAS QUE DESCRIBEN MI DIA

OBSTACULOS/PROBLEMAS

LO MEJOR DEL DIA

LOGROS DIARIOS

Evaluacion SEMANAL

	DORMIR	ANIMO	POSITIVOS	NEGATIVOS
LUNES				
MARTES				
MIERCOLES				
JUEVES				
VIERNES				
SABADO				
DOMINGO				

Reflexiones SEMANALES

Lunes

Martes

Miércoles

Jueves

Viernes

Sabado

Domingo

REFLEXION *Diaria*

COMO ME SIENTO HOY

MI MAS GRANDE RETO:

ESTADO DE ANIMO:

MAÑANA:

TARDE:

ME SENTI FELIZ CUANDO:

ME SENTI EMOCIONADA CUANDO:

ME SENTI ENERGIZADA CUANDO:

Lo Mejor del Dia

Hoy estoy Agradecida por:

MES: _____

L   M   W   J   V   S   D

COMO ME SIENTO HOY

3 PALABRAS QUE DESCRIBEN MI DIA

OBSTACULOS/PROBLEMAS

LO MEJOR DEL DIA

LOGROS DIARIOS

FECHA:

REFLEXION *Diaria*

COMO ME SIENTO HOY

MI MAS GRANDE RETO:

ESTADO DE ANIMO:

MAÑANA:

TARDE:

ME SENTI FELIZ CUANDO:

ME SENTI EMOCIONADA CUANDO:

ME SENTI ENERGIZADA CUANDO:

Lo Mejor del Dia

Hoy estoy Agradecida por:

Diario

L   M   W   J   V   S   D

COMO ME SIENTO HOY

3 PALABRAS QUE DESCRIBEN MI DIA

OBSTACULOS/PROBLEMAS

LO MEJOR DEL DIA

LOGROS DIARIOS

REFLEXION *Diaria*

COMO ME SIENTO HOY

MI MAS GRANDE RETO:

ESTADO DE ANIMO:

MAÑANA:

TARDE:

ME SENTI FELIZ CUANDO:

ME SENTI EMOCIONADA CUANDO:

ME SENTI ENERGIZADA CUANDO:

Lo Mejor del Dia

Hoy estoy Agradecida por:

MES:

L   M   W   J   V   S   D

COMO ME SIENTO HOY

3 PALABRAS QUE DESCRIBEN MI DIA

OBSTACULOS/PROBLEMAS

LO MEJOR DEL DIA

LOGROS DIARIOS

FECHA:

REFLEXION *Diaria*

COMO ME SIENTO HOY

MI MAS GRANDE RETO:

ESTADO DE ANIMO:

MAÑANA:

TARDE:

ME SENTI FELIZ CUANDO:

ME SENTI EMOCIONADA CUANDO:

ME SENTI ENERGIZADA CUANDO:

Lo Mejor del Dia

Hoy estoy Agradecida por:

MES: _____

L   M   W   J   V   S   D

COMO ME SIENTO HOY

3 PALABRAS QUE DESCRIBEN MI DIA   OBSTACULOS/PROBLEMAS

LO MEJOR DEL DIA

LOGROS DIARIOS

FECHA:

REFLEXION *Diaria*

COMO ME SIENTO HOY

MI MAS GRANDE RETO:

ESTADO DE ANIMO:

MAÑANA:

TARDE:

ME SENTI FELIZ CUANDO:

ME SENTI EMOCIONADA CUANDO:

ME SENTI ENERGIZADA CUANDO:

Lo Mejor del Dia

Hoy estoy Agradecida por:

Diario

MES: _____

L   M   W   J   V   S   D

COMO ME SIENTO HOY

3 PALABRAS QUE DESCRIBEN MI DIA

OBSTACULOS/PROBLEMAS

LO MEJOR DEL DIA

LOGROS DIARIOS

FECHA:

REFLEXION *Diaria*

COMO ME SIENTO HOY

MI MAS GRANDE RETO:

ESTADO DE ANIMO:

MAÑANA:

TARDE:

ME SENTI FELIZ CUANDO:

ME SENTI EMOCIONADA CUANDO:

ME SENTI ENERGIZADA CUANDO:

Lo Mejor del Dia

Hoy estoy Agradecida por:

Diario

MES:

L M W J V S D

COMO ME SIENTO HOY

3 PALABRAS QUE DESCRIBEN MI DIA

OBSTACULOS/PROBLEMAS

LO MEJOR DEL DIA

LOGROS DIARIOS

FECHA:

REFLEXION *Diaria*

COMO ME SIENTO HOY

MI MAS GRANDE RETO:

ESTADO DE ANIMO:

MAÑANA:

TARDE:

ME SENTI FELIZ CUANDO:

ME SENTI EMOCIONADA CUANDO:

ME SENTI ENERGIZADA CUANDO:

Lo Mejor del Dia

Hoy estoy Agradecida por:

Diario

COMO ME SIENTO HOY

3 PALABRAS QUE DESCRIBEN MI DIA

OBSTACULOS/PROBLEMAS

LO MEJOR DEL DIA

LOGROS DIARIOS

Evaluacion SEMANAL

	DORMIR	ANIMO	POSITIVOS	NEGATIVOS
LUNES				
MARTES				
MIERCOLES				
JUEVES				
VIERNES				
SABADO				
DOMINGO				

Reflexiones SEMANALES

Lunes

Martes

Miércoles

Jueves

Viernes

Sabado

Domingo

FECHA:

REFLEXION *Diaria*

COMO ME SIENTO HOY

MI MAS GRANDE RETO:

ESTADO DE ANIMO:

MAÑANA:

TARDE:

ME SENTI FELIZ CUANDO:

ME SENTI EMOCIONADA CUANDO:

ME SENTI ENERGIZADA CUANDO:

Lo Mejor del Dia

Hoy estoy Agradecida por:

MES:

L   M   W   J   V   S   D

COMO ME SIENTO HOY

3 PALABRAS QUE DESCRIBEN MI DIA

OBSTACULOS/PROBLEMAS

LO MEJOR DEL DIA

LOGROS DIARIOS

REFLEXION *Diaria*

COMO ME SIENTO HOY

MI MAS GRANDE RETO:

ESTADO DE ANIMO:

MAÑANA:

TARDE:

ME SENTI FELIZ CUANDO:

ME SENTI EMOCIONADA CUANDO:

ME SENTI ENERGIZADA CUANDO:

Lo Mejor del Dia

Hoy estoy Agradecida por:

Diario

MES: _____

L   M   W   J   V   S   D

COMO ME SIENTO HOY

3 PALABRAS QUE DESCRIBEN MI DIA

OBSTACULOS/PROBLEMAS

LO MEJOR DEL DIA

LOGROS DIARIOS

REFLEXION *Diaria*

COMO ME SIENTO HOY

MI MAS GRANDE RETO:

ESTADO DE ANIMO:

MAÑANA:

TARDE:

ME SENTI FELIZ CUANDO:

ME SENTI EMOCIONADA CUANDO:

ME SENTI ENERGIZADA CUANDO:

Lo Mejor del Dia

Hoy estoy Agradecida por:

COMO ME SIENTO HOY

3 PALABRAS QUE DESCRIBEN MI DIA   OBSTACULOS/PROBLEMAS

LO MEJOR DEL DIA

LOGROS DIARIOS

FECHA:

REFLEXION *Diaria*

COMO ME SIENTO HOY

MI MAS GRANDE RETO:

ESTADO DE ANIMO:

MAÑANA:

TARDE:

ME SENTI FELIZ CUANDO:

ME SENTI EMOCIONADA CUANDO:

ME SENTI ENERGIZADA CUANDO:

Lo Mejor del Dia

Hoy estoy Agradecida por:

Diario

L   M   W   J   V   S   D

COMO ME SIENTO HOY

3 PALABRAS QUE DESCRIBEN MI DIA   **OBSTACULOS/PROBLEMAS**

LO MEJOR DEL DIA

LOGROS DIARIOS

REFLEXION *Diaria*

COMO ME SIENTO HOY

MI MAS GRANDE RETO:

ESTADO DE ANIMO:

MAÑANA:

TARDE:

ME SENTI FELIZ CUANDO:

ME SENTI EMOCIONADA CUANDO:

ME SENTI ENERGIZADA CUANDO:

Lo Mejor del Dia

Hoy estoy Agradecida por:

Diario

MES:

L   M   W   J   V   S   D

COMO ME SIENTO HOY

3 PALABRAS QUE DESCRIBEN MI DIA

OBSTACULOS/PROBLEMAS

LO MEJOR DEL DIA

LOGROS DIARIOS

REFLEXION *Diaria*

COMO ME SIENTO HOY

MI MAS GRANDE RETO:

ESTADO DE ANIMO:

MAÑANA:

TARDE:

ME SENTI FELIZ CUANDO:

ME SENTI EMOCIONADA CUANDO:

ME SENTI ENERGIZADA CUANDO:

Lo Mejor del Dia

Hoy estoy Agradecida por:

Diario

MES: _____

L   M   W   J   V   S   D

COMO ME SIENTO HOY

3 PALABRAS QUE DESCRIBEN MI DIA

OBSTACULOS/PROBLEMAS

LO MEJOR DEL DIA

LOGROS DIARIOS

FECHA:

REFLEXION *Diaria*

COMO ME SIENTO HOY   MI MAS GRANDE RETO:

ESTADO DE ANIMO:

MAÑANA: TARDE:

ME SENTI FELIZ CUANDO: ME SENTI EMOCIONADA   ME SENTI ENERGIZADA
                          CUANDO: CUANDO:

Lo Mejor del Dia

Hoy estoy Agradecida por:

MES:

L M W J V S D

COMO ME SIENTO HOY

3 PALABRAS QUE DESCRIBEN MI DIA

OBSTACULOS/PROBLEMAS

LO MEJOR DEL DIA

LOGROS DIARIOS

Evaluacion SEMANAL

	DORMIR	ANIMO	POSITIVOS	NEGATIVOS
LUNES				
MARTES				
MIERCOLES				
JUEVES				
VIERNES				
SABADO				
DOMINGO				

Reflexiones SEMANALES

Lunes

Martes

Miércoles

Jueves

Viernes

Sabado

Domingo

REGISTRO DE *Ansiedad*

Documenta los dias en que te sentiste con ansiedad. Esta hoja incluye un registro de 3 semanas.

NIVEL DE ANSIEDAD (1-BAJO, 12 SEVERO)

LUN	01	02	03	04	05	06	07	08	09	10	11	12
MAR	01	02	03	04	05	06	07	08	09	10	11	12
MIE	01	02	03	04	05	06	07	08	09	10	11	12
JUE	01	02	03	04	05	06	07	08	09	10	11	12
VIE	01	02	03	04	05	06	07	08	09	10	11	12
SAB	01	02	03	04	05	06	07	08	09	10	11	12
DOM	01	02	03	04	05	06	07	08	09	10	11	12
LUN	01	02	03	04	05	06	07	08	09	10	11	12
MAR	01	02	03	04	05	06	07	08	09	10	11	12
MIE	01	02	03	04	05	06	07	08	09	10	11	12
JUE	01	02	03	04	05	06	07	08	09	10	11	12
VIE	01	02	03	04	05	06	07	08	09	10	11	12
SAB	01	02	03	04	05	06	07	08	09	10	11	12
DOM	01	02	03	04	05	06	07	08	09	10	11	12
LUN	01	02	03	04	05	06	07	08	09	10	11	12
MAR	01	02	03	04	05	06	07	08	09	10	11	12
MIE	01	02	03	04	05	06	07	08	09	10	11	12
JUE	01	02	03	04	05	06	07	08	09	10	11	12
VIE	01	02	03	04	05	06	07	08	09	10	11	12
SAB	01	02	03	04	05	06	07	08	09	10	11	12
DOM	01	02	03	04	05	06	07	08	09	10	11	12

NOTAS:

FECHA EN QUE EMPECE EL REGISTRO:

REGISTRO DE *Depresion*

Documenta los dias que hayas sentido depresión. Esta pagina incluye un registro de 3 semanas.

NIVEL DE DEPRESION (1-BAJO, 12 SEVERO)

													NOTES:
LUN	01	02	03	04	05	06	07	08	09	10	11	12	
MAR	01	02	03	04	05	06	07	08	09	10	11	12	
MIE	01	02	03	04	05	06	07	08	09	10	11	12	
JUE	01	02	03	04	05	06	07	08	09	10	11	12	
VIE	01	02	03	04	05	06	07	08	09	10	11	12	
SAB	01	02	03	04	05	06	07	08	09	10	11	12	
DOM	01	02	03	04	05	06	07	08	09	10	11	12	
LUN	01	02	03	04	05	06	07	08	09	10	11	12	
MAR	01	02	03	04	05	06	07	08	09	10	11	12	
MIE	01	02	03	04	05	06	07	08	09	10	11	12	
JUE	01	02	03	04	05	06	07	08	09	10	11	12	
VIE	01	02	03	04	05	06	07	08	09	10	11	12	
SAB	01	02	03	04	05	06	07	08	09	10	11	12	
DOM	01	02	03	04	05	06	07	08	09	10	11	12	
LUN	01	02	03	04	05	06	07	08	09	10	11	12	
MAR	01	02	03	04	05	06	07	08	09	10	11	12	
MIE	01	02	03	04	05	06	07	08	09	10	11	12	
JUE	01	02	03	04	05	06	07	08	09	10	11	12	
VIE	01	02	03	04	05	06	07	08	09	10	11	12	
SAB	01	02	03	04	05	06	07	08	09	10	11	12	
DOM	01	02	03	04	05	06	07	08	09	10	11	12	

FECHA EN QUE EMPECE ESTE REGISTRO:

RESETEA *tu mente*

No siempre podemos controlar nuestros pensamientos pero podemos aprender a transformar los pensamientos negativos a positivos y controlar nuestras reacciones e impulsos. Usa la grafica de abajo para comenzar el proceso

CUANDO ME SIENTO ASI:

TRATARE DE CONTROLAR MIS REACCIONES ASI:

NOTAS Y REFLEXIONES

DIBUJOS

AMATE A ti misma

PASO 1: HAZ DE TI UNA PRIORIDAD

Es importante que siempre te pongas en primer lugar al escuchar tu voz interna. Deja que te guie en eliminar a la gente tóxica a las influencias negativas. No tengas miedo de distanciarte de la gente y lugares que te hacen sentir infeliz o quienes no te apoyan en tu camino.

PASO 2: ENFRONTA TUS MIEDOS

No tengas miedo en confrontar tus miedos y dudas. ¿Por qué te sientes que no mereces las cosas? ¿Por qué cosas estás más preocupada?

PASO 3: SE RESPONSABLE

Hazte responsable por las cosas que puedes controlar y cambiar. Hay cosas en tu vida que solo Tu puedes cambiar.

PASO 4: PERDONATE A TI MISMA

Deja ir a los errores del pasado– no puedes regresar el tiempo. Todos tenemos arrepentimientos y aunque es importante que te hagas responsable por tus errores, solo puedes realmente sanarte cuando aprendes a perdonarte. Libera tu mente para que se pueda enfocar en un Yo mejorado y en un mañana feliz.

PASO 5: ACEPTA DONDE ESTAS EN EL PROCESO

No te permitas frustrarte cuando no puedas llegar a la meta. Tu camino llevará tiempo asi que date permiso de caer y aprender donde estas hoy mismo. Toma un dia a la vez. Te lo debes a ti misma estar enfocada en el camino futuro y celebra cada logro sobre la marcha.

:

Pensamientos:

Made in the USA
Monee, IL
04 June 2021